Sri Daya Mata

Presidenta y directora espiritual de
Self-Realization Fellowship/Yogoda Satsanga Society of India

La intuición: Guía del alma

— *para* —

tomar decisiones acertadas

Selecciones provenientes de charlas y escritos de
Sri Daya Mata

Self-Realization Fellowship
FOUNDED 1920
Paramahansa Yogananda

RESEÑA DEL LIBRO: *La intuición: Guía del alma para tomar decisiones acertadas* es una recopilación de charlas y cartas de Sri Daya Mata. Las charlas las dio en reuniones informales que tuvieron lugar en Estados Unidos y la India, en las cuales conversó sobre varios temas relacionados con la vida espiritual. Éstas se han publicado anteriormente en la revista *Self-Realization* y también en dos antologías, *Only Love* (1976) y *El gozo que buscas está en tu interior* (2003).

Título de la obra original en inglés publicada por
Self-Realization Fellowship, Los Angeles, California:
Intuition: Soul-Guidance for Life's Decisions
ISBN 0-87612-465-1

Traducción al español: *Self-Realization Fellowship*
Copyright © 2005 *Self-Realization Fellowship.* Todos los derechos reservados

Esta edición ha sido autorizada por el
Consejo de Publicaciones Internacionales de
SELF-REALIZATION FELLOWSHIP

En todos los libros, grabaciones y demás publicaciones de SRF aparecen el nombre y el emblema de *Self-Realization Fellowship* (tal como se muestran en esta página), los cuales garantizan a las personas interesadas que una determinada obra procede de la sociedad establecida por Paramahansa Yogananda y refleja fielmente sus enseñanzas.

Primera edición en español: 2005 (cartoné)
Segunda impresión: 2006

ISBN-13 978-0-87612-466-6
ISBN-10 0-87612-466-X
Impreso en Corea del Sur

1721-J525

Índice

La intuición:
Guía del alma

———— *para* ————

tomar decisiones
acertadas

Capítulo I

INTRODUCCIÓN

*«La intuición es la guía del alma, que surge espontánea-
mente en el hombre durante esos momentos en que su
mente se encuentra calmada. [...] La meta de la ciencia del yoga es aquietar la mente, para que pueda escuchar sin distorsión alguna el infalible consejo de la Voz
Interior».*

Paramahansa Yogananda,
en *Autobiografía de un yogui*

Cada uno de nosotros puede aprender a avanzar en
la vida gozando de una radiante paz y serenidad.
En lugar de permitir que las inevitables complejida-
des y exigencias de la vida nos provoquen nerviosis-
mo o nos perturben emocionalmente, debemos utili-
zarlas como un incentivo para abrir en nosotros una
nueva ventana hacia la Conciencia Divina. Si toma-
mos la determinación de mantener la ecuanimidad
mental, comprobaremos que constantemente se re-

nueva nuestro caudal de inspiración, entendimiento y confianza en la Divinidad.

Paramahansa Yogananda afirmaba que los *rishis* de la India eran los más grandes expertos en psicología. Ellos prescribían la ecuanimidad mental como la suprema panacea para lograr el bienestar psicológico y emocional, es decir, nos recomendaban mantener la mente en calma y libre de inquietud: de ese modo, podemos contemplar la siempre gozosa e imperturbable alma —el perfecto reflejo de la Divinidad en nuestro interior— e identificarnos con ella.

La vida es a menudo caprichosa y su curso está plagado de curvas y desviaciones inesperadas. En el instante mismo en que nos sentimos felices, en que pensamos que hemos alcanzado el éxito y estamos en paz, alguna circunstancia imprevista nos toma por sorpresa o, quizá, los embates de los diarios desafíos quebrantan nuestros buenos propósitos. Nos vemos arrojados una y otra vez contra las olas de la dualidad: la salud y la enfermedad, el gozo y el sufrimiento. Existe una sola manera de conservar la imperturbable serenidad interior. Sin embargo, no es posible entrar en ese estado por el mero hecho de pensar en él, ni podemos alcanzarlo a través de las bellezas de la naturaleza, de la música o del arte, o mediante otras experiencias externas, sin importar cuán colmados de paz puedan ellas hacernos sentir. El único modo de lograr ese estado consiste en meditar intensamente y con profunda devoción, de manera que, trascendiendo los pensamientos y las emociones, nos anclemos en el calmado centro de nuestro ser.

———•———

Abriguemos la certeza interior de que nos hallamos unidos a la Divinidad

La persona espiritual camina con Dios en su interior. Cada día acalla tu cuerpo, aquieta la mente y recógete por completo dentro de ti con el propósito de comulgar con Dios. Si estableces el hábito de la meditación, esto determinará la diferencia entre ser una persona común, llena de dudas y frustraciones, o una persona espiritual, la cual siente que su vida está por entero en las manos de Dios y, por lo tanto, se halla completamente satisfecha.

Nada hay en la vida o en la muerte que deba hacernos sentir temerosos o enfadados. La maravillosa guía que Paramahansa Yogananda nos ha proporcionado, y por la cual estoy eternamente agradecida, infundió en nosotros la noción de que la vida es eterna. Por un corto lapso, el rayo de luz inmortal de nuestra alma se atavía con un perecedero ropaje mortal —hombre o mujer; negro, blanco, cobrizo o amarillo—, mas por toda la eternidad el alma recibe sustento de la Fuente Infinita de esa luz. Cuanto más practiquemos la meditación, en mayor grado percibiremos ese concepto. Y cuanto menos meditemos, menor será nuestra capacidad para trascender la identificación con este pequeño ser: un cierto número de kilos de carne que confinan a una mente limitada, la cual está atada al problemático entorno del mundo mediante las percepciones sensoriales. Debemos llegar hasta el Ser interior que se halla más allá de sus instrumentos físicos y mentales, a fin de poder darnos cuenta de que no somos frágiles seres mortales y que existe un vínculo ininterrumpido que nos une a la Bienamada Madre del universo: la Divina Conciencia que fluye a través de nosotros y que satura el Infinito.

———◆———

Cómo hallar la guía para elegir diariamente entre las múltiples opciones que la vida nos ofrece

El procedimiento para unir nuestra conciencia a la de Dios empieza con la elección diaria de nuestros pensamientos y acciones. La vida nos coloca ante múltiples opciones, a menudo contradictorias, y nosotros respondemos a la atracción de los sentidos, deseos y hábitos, o bien a la voz suave y serena de la conciencia que nos recuerda dónde se halla la verdadera felicidad: en utilizar la divina fortaleza de la voluntad dotada de discernimiento, a fin de elegir aquellas opciones que reafirman, mediante la acción, el conocimiento de Dios y las cualidades divinas que moran en nuestro interior.

———◆———

La vida nos seduce con numerosas distracciones que aparentan ofrecernos la plenitud. ¡Hay tantas cosas que deseamos hacer y poseer! No es erróneo perseguir ambiciones nobles: hemos nacido para actuar y ejercer la iniciativa en pos del bien, pero ¡cuán fácil

nos resulta identificarnos con nuestro papel y some-
ter nuestra felicidad a los siempre cambiantes altibajos del entorno! Sentimos la atracción que los hábitos y los indóciles sentidos ejercen sobre nosotros.
Son incontables los deseos y las demandas del ego
que reclaman atención…

De nosotros depende elegir quién guiará el curso
de nuestra conciencia: o el ego o el alma[1].

[1] Ego: el sentimiento engañoso que nos identifica con el cuerpo y con la
limitada personalidad humana, el cual impide que percibamos nuestro
verdadero Ser como el alma: una chispa individualizada del Ser Divino.

Capítulo II

OPCIONES DIFÍCILES
Y DECISIONES DIARIAS

Cómo recibir la guía intuitiva de nuestra alma

Pregunta: *Cuando nos enfrentamos a las numerosas disyuntivas difíciles y opciones contradictorias que forman parte de la vida cotidiana, ¿cómo podemos discernir si una decisión es acertada o si sólo parece serlo debido a nuestros propios deseos y al apego a nuestras inclinaciones personales?*

En primer lugar, debemos darnos cuenta de que para la mayoría de la gente una vasta proporción de sus acciones *está* teñida por los deseos personales. Eso es normal y humano. De hecho, el poder motivador de tales deseos es el que hace posible sus logros.

Lo que las grandes almas enseñan es que, primero, debemos concentrarnos en reemplazar los deseos perjudiciales —aquellos que nos mantienen cautivos de las ataduras mortales— por las ambiciones nobles que nos ayuden a desarrollar nuestra naturaleza superior. De este modo, a medida que nos aproximamos a la Divinidad, avanzamos con firmeza hacia un estado verdaderamente libre de deseos, es decir, la unidad con Dios, en la cual todos los anhelos se satisfacen para siempre. Mientras no hayamos alcanzado ese bienaventurado estado, nuestra visión y capacidad de razonamiento estarán influenciadas por los deseos —¡no cabe duda alguna!

Cómo elegir acertadamente en cada situación

Para saber cómo elegir acertadamente en una situación determinada es preciso que nuestro razonamiento sea guiado por el poder de la intuición. Todos estamos dotados de este «sexto sentido», pero la mayoría de las personas no lo utiliza. Confían en cambio en los informes que les proporcionan los cinco sentidos inferiores. Sin embargo, estos cinco sentidos no siempre nos suministran la información correcta en la cual podamos basarnos para actuar adecuadamente o tomar decisiones acertadas. Además de que su alcance y poder son limitados, los sentidos (y su «amo», la mente identificada con el ego) interpretan las situaciones conforme a sus propios gustos y aversiones, en vez de hacerlo de acuerdo con lo que es verdadero y realmente beneficioso para el alma. Al tomar decisiones que están basadas únicamente en lo que sus sentidos externos y su mente inferior le dicen, ¡no es de extrañar que el ser humano se encuentre tan a menudo en dificultades!

Tengo la esperanza de que llegará el día en que el mundo entero comprenderá la importancia de dedicar un período diario para recoger la mente interiormente, a fin de hallar así la guía de Dios y comulgar con Él. De este modo te vuelves más equilibrado, más calmado y se despierta en ti la capacidad de discernimiento. Gradualmente te liberas de los lazos creados por los hábitos, deseos, emociones y apegos que te impulsan a comportarte de una manera determinada, ya sea correcta o errónea. El discernimiento (que a semejanza de la intuición es una cualidad del alma) te permite decidir qué debes hacer y en qué momento. Estas cualidades del alma se desarrollan por medio de la meditación.

Aprende a ver las situaciones con claridad, sin las «anteojeras» de la emoción

Cuando nuestra facultad de discernimiento se encuentra velada por los deseos y las emociones, nos hallamos ante una forma de ceguera, tanto psicológica como espiritual. En el momento en que las personas están bajo el influjo de la emoción se sienten confundidas y pierden la capacidad de razonar con claridad.

Paramahansa Yogananda nos insistía con frecuencia en este punto [...] y solía decirnos: «¡No corran dando vueltas como pollos a los que se les ha cortado la cabeza!». Al principio, él me asignaba tantas responsabilidades que me resultaba difícil permanecer en calma; sin embargo, recuerdo que me aconsejó: «Internamente debes volverte como el acero. No te dejes llevar por las emociones».

La emoción es inductora de prejuicios: paraliza tu capacidad de pensar con claridad y de percibir una situación con exactitud. [...] Cuando aprendemos a separar los hechos de las opiniones que tenemos acerca de ellos, nuestra capacidad de razonamiento no se halla tan influenciada por los deseos egoístas. Si cada ser humano aprendiera a actuar de esta manera, habría mucha más comprensión y paz en el mundo.

Como puedes advertir, éstos son consejos prácticos. En eso consiste este sendero: alcanzar la unión con Dios y expresarla, o sea, amar a Dios, conocer nuestra unidad con Él y, luego, llevar ese amor y esa percepción al terreno de la aplicación práctica en nuestra vida diaria.

Una mente inquieta obstaculiza la guía divina

Así pues, para aprender a tomar las decisiones correctas, te sugiero lo siguiente como primer paso: convierte la meditación en una parte habitual de la vida diaria. Si no mantienes períodos de meditación en los que puedas recoger la mente en tu interior, tu atención permanecerá habitualmente concentrada en lo externo —en los impulsos sensoriales y mentales de los nervios— y eso provocará tensión nerviosa. En tal estado de inquietud constante no puedes recibir la guía divina que proviene de tu interior.

La Biblia afirma: «Aquietaos y sabed que Yo soy

Dios»[1]. En Occidente, pocos comprenden su verdadero significado: cuanto más aquietas tu ser, mayor es la sintonía que puedes lograr con la omnipresencia de Dios. El yoga te muestra cómo alcanzar conscientemente esa bienaventurada quietud. Con esta finalidad, Paramahansa Yogananda nos dio las maravillosas técnicas del yoga[2].

Prescindir de la «agenda» del ego

Además, la meditación afloja los lazos de los deseos que te mantienen atado a una agenda personal regida por los gustos y las aversiones: «Esto es lo que quiero, lo que deseo, así que el "camino correcto" es aquel que me permita obtenerlo». Mediante la meditación te conviertes en una persona más neutral y objetiva. No se trata de indiferencia o apatía, sino de una expansión y purificación de la conciencia, la cual

---

[1] *Salmos* 46:11.

[2] Se enseñan en las *Lecciones de Self-Realization Fellowship* (*véase la página 69*).

«Yoga» no se refiere a las posturas y ejercicios físicos (*Hatha Yoga*), sino al sistema clásico de técnicas psicofísicas para despertar al Ser espiritual interior y unirlo a la Divinidad.

vibra con la paz y la felicidad que fluyen de la presencia de Dios que mora en tu alma.

De este modo, cuando surja la pregunta: «¿Es esto lo que debo hacer?», puedes dar un paso atrás y preguntarte imparcialmente: «¿Es algo que yo deseo o se trata de algo que Dios quiere para mí?». Cuando hayas experimentado esa paz en la meditación, dile entonces a Dios: «¡Guíame, Señor!», y continúa repitiéndolo en forma intensa y sincera. A lo largo del día, mantén tus pensamientos fijos en Dios, y susúrrale: «¡Guíame, bendíceme!». Esta actitud permitirá que tu mente se mantenga abierta y receptiva a la inspiración, la cual es la guía silenciosa de Dios.

Los sentimientos intuitivos se perciben en el corazón

«La intuición —decía Paramahansaji— se percibe sobre todo a través del corazón». He comprobado que así es. Si algo no está bien, puedo sentirlo aquí en el corazón. Me invade un sentimiento de desazón que me hace pensar: «¡Oh!, algo inadecuado ocurre con esta persona o con esta situación». No me hace sentir incómoda, pero experimento una ligera perturbación en el corazón. Es a esto a lo que Paramahansaji se refiere: «Cada vez que algo te preocupe o trates de hallar el rumbo correcto que debes tomar, concéntrate calmadamente en el corazón. No intentes analizar el problema; tan sólo enfoca tu atención en el corazón».

Es provechoso, por supuesto, sentarse en calma y reflexionar profundamente en el problema después de la meditación; es importante hacerlo. Pero cuando te encuentres en medio de la actividad y el problema aparezca en tus pensamientos, tan sólo dirige tu mente al centro del corazón. Concéntrate allí y trata de percibir los sentimientos que fluyen desde ese centro.

Paramahansaji continúa diciendo: «Permanece sereno y te invadirá súbitamente un sentimiento muy intenso y tu intuición te señalará cuál es el paso que debes dar en ese momento. Si tu mente y tus emociones están en calma y en sintonía con la voz interior de la intuición, serás guiado en la dirección apropiada. En tu vida cotidiana hallarás a las personas adecuadas que te aportarán alguna solución a tu problema o que de algún modo te ayudarán —tal vez mediante sus consejos, o al estar en contacto con ellas, encuentres el camino correcto».

Ésta es una gran verdad y te sugiero encarecidamente que la pongas en práctica. Si persistes en tu empeño, aprenderás a reconocer la «apacible y delicada voz» interior y dejar que ella te guíe.

Permanece flexible y receptivo a la nueva guía que pudiera surgir

Este proceso, sin embargo, no se produce de un día para otro. No debes creer que siendo todavía un principiante puedes abandonar la razón y el sentido común «porque tu intuición te está guiando». Por medio de tus constantes oraciones pidiendo guía y de tu serena receptividad, surgirá en tu interior un sentimiento que te indicará cuál es el mejor camino a seguir. Cuando esto ocurra, avanza con fe absoluta, pero mantén en todo momento una actitud flexible: «Considero que éste es el camino correcto, mas si en algún momento, Señor, me muestras que mi elección ha sido errónea, puedo desandar el camino; acepto el tener que corregirlo».

En ocasiones, nos quedamos tan embelesados con nuestras propias ideas o con nuestro modo personal de hacer las cosas que desechamos categóricamente cualquier sugerencia en el sentido de que una solución diferente podría ser mejor o igualmente aceptable. Tal vez en tu trabajo hayas dedicado grandes esfuerzos a preparar una propuesta y tus ideas resulten rechazadas. Una persona que esté atada al ego se sentirá ofendida ante semejante tratamiento, pero ésa no es la actitud correcta. No seas como aquellas personas que se hallan apegadas a sus propias ideas de un modo irracional: sus ideas son «su creación» y ¡más vale que las uses, o si no…! Esto es ceguera emocional: aferrarse obcecadamente a una idea por el mero hecho de que es «nuestra» nos impide reconocer las oportunidades que se nos presentan para expandir nuestra percepción y entendimiento.

Recuerdo que en diversas ocasiones Paramahansaji le asignaba el mismo proyecto a dos o tres discípulos diferentes para que trabajaran en él de manera independiente. Yo solía preguntarme por qué lo hacía, pues obviamente su intención era utilizar únicamente el proyecto final de uno solo de ellos. Poco a poco, sin embargo, comencé a comprender el doble propósito que esto encerraba: por un lado, los hacía pensar y emplear su mente de modo creativo en el desarrollo de los proyectos; por otro lado, los estaba entrenando para que no desarrollaran apego por la labor que realizaban.

Cualquier cosa que emprendas, llévala a cabo con entusiasmo y con un sentimiento de gozo; pero al mismo tiempo procura pensar de este modo: «Señor, lo hice por Ti. Te entrego los frutos de esta tarea». Durante el trabajo, así como también antes de comenzarlo y una vez que lo hayas finalizado, deposita mentalmente tus acciones a los pies de Dios, ofréndale tus esfuerzos. Éste es el modo de conquistar el ego y desarrollar nuestra receptividad a la guía y a la voluntad de Dios. Sin esta entrega, los sutiles pero persuasivos dictados egoístas —que parecen «tan sabios» porque concuerdan con las tendencias y deseos que están profundamente arraigados en nuestro interior— nos conducirán continuamente por mal camino.

La pureza del corazón y de la mente nos vuelve más receptivos

Dijo Jesús: «Señor [...] has ocultado estas cosas a sabios e inteligentes, y se las has revelado a pequeños»[3]. Estas palabras hacen referencia a la pureza inherente a la naturaleza del niño: es confiado, puro, cariñoso —todavía no ha adquirido los hábitos que resultan del trato con el mundo—. Se afirma que, durante los primeros siete u ocho años de edad, la conciencia de un niño no se halla totalmente inmersa en este mundo. Por ello, no es infrecuente escuchar a los niños relatar cosas maravillosas y referirse a la vida del más allá, ya que recientemente han venido de ese reino astral. A menos que hayan sido muy materialistas en vidas anteriores, las mentes y los corazones de los niños son todavía puros, hasta que el mundo los atrapa de nuevo.

«Sabios e inteligentes», por otra parte, no siempre significa puros. Una persona puede estar tan enamorada de su propio intelecto que se sienta satisfecha de sí misma y piense que sabe muchísimo acerca de todo. Dios no se revela a tales personas. Él responde a aquellos que tienen una actitud simple, amorosa y confiada, como la de un niño hacia su madre —abierta y receptiva—. Podemos cultivar semejante

---

[3] *San Mateo* 11:25.

relación con Dios si mantenemos nuestra conciencia por encima de la influencia de los deseos, las emociones y los apegos.

Mantén tu mente en el centro de la percepción espiritual

La conciencia de una persona común reside principalmente en la superficie sensorial del cuerpo, la cual recibe su vitalidad de los *chakras* inferiores situados en la espina dorsal[4]. Por esta razón se halla siempre en un estado de inquietud y de conciencia mundana. En el *ashram* se nos enseña a mantener, en todo momento, la mente enfocada en el centro crístico —siempre allí—. Una de las primeras cosas que Paramahansa Yogananda me enseñó cuando llegué a él fue: «Haz

---

[4] El Yoga enseña que en el interior del cerebro y de los plexos espinales del ser humano existen siete centros sutiles de vida y de conciencia. Desprovisto de los poderes especializados alojados en ellos, el cuerpo sería una masa inerte de arcilla. Los instintos y motivaciones materialistas del hombre tienen sus poderes correlativos en la exteriorización de las energías de los tres *chakras* espinales sutiles inferiores. Los centros superiores dan origen al sentimiento e inspiración divinos y a la percepción espiritual. De acuerdo con la naturaleza de los pensamientos y deseos del individuo, su conciencia es atraída hacia el centro de poder y actividad correspondiente y allí se concentra.

que tu mente repose siempre aquí, en este centro (en el entrecejo)». Ahí se encuentra la estrella polar de la conciencia espiritual, el centro en el cual comulgamos con Dios. Cuanto más enfoquemos la atención en ese punto, tanto mayor será el poder que atraigamos de los centros superiores de percepción espiritual que se hallan en la columna vertebral —desde el centro del corazón hacia arriba.

El péndulo de un reloj oscila durante todo el día hacia uno y otro lado, marcando el paso de las horas. Está realizando su tarea, ¿no es así? Mas cuando el péndulo se detiene, ¿dónde reposa? No en un extremo ni en el otro, sino exactamente en el centro. Lo mismo debe suceder con nosotros. Todos tenemos obligaciones que cumplir en este mundo, pero cada vez que se produzca un intervalo entre actividades deberíamos centrar nuestra atención aquí en el *Kutastha*, el asiento de la Conciencia Crística[5].

---

[5] El centro crístico o *Kutastha* es el centro de la concentración y de la voluntad, cuya ubicación en el cuerpo se halla en el entrecejo *(ajna cha-kra)*: es el asiento de la Conciencia Crística *(Kutastha Chaitanya)* y del ojo espiritual. El «Cristo» o «Conciencia Crística» es la proyección de la conciencia de Dios inmanente en toda la creación. En las escrituras cristianas se le llama «el hijo unigénito», el único reflejo puro (dentro de la

Pregunta: *¿Cómo aprendemos a mantener la atención en el centro* Kutastha *incluso durante las actividades del día?*

Sólo hay una manera de hacerlo: a través de la práctica. Cuando lleves a cabo tus obligaciones, es vital que tu atención se halle centrada en aquello que estés haciendo; pero a lo largo del día, de tanto en tanto, es posible detenerse por un momento —sea cual fuere el lugar donde te encuentres y la actividad que desarrolles— para dejar que la mente repose en el *Kutastha*.

Puedes tener la certeza de que esto se vuelve automático después de cierto tiempo. Cuando me hallo ocupada en los múltiples asuntos relacionados con la obra de Paramahansaji, de vez en cuando hago una pausa y recojo la mente en mi interior; en un instante, encuentro allí la vibrante presencia de la Divinidad, la gozosa y amorosa presencia de Dios. Podrás comprobarlo si cultivas este hábito. Cada vez que

---

creación) de Dios el Padre; en las escrituras hindúes se le denomina *Kutastha Chaitanya*, es decir, la inteligencia cósmica del Espíritu presente en toda la creación. Es la conciencia universal, la unidad con Dios, manifestada por Jesús, Krishna y otros avatares. Los grandes santos y yoguis lo conocen como el estado de *samadhi* en el cual su conciencia se identifica con la inteligencia presente en cada partícula de la creación; de este modo, perciben el universo entero como su propio cuerpo.

cuentes con un momento libre, siéntate en silencio, lleva tu mente de regreso al *Kutastha* y susurra: «Señor, bendíceme» —o cualquier otro sencillo pensamiento que nazca de tu corazón.

Con el paso del tiempo, comprobarás que tu mente descansa cada vez más en ese punto, sin importar lo que estés haciendo. De este modo se eleva el nivel espiritual de tu conciencia.

Sabiduría y fortaleza interior para triunfar en la vida

Cuando tenemos que tomar decisiones importantes en la vida, las cualidades que nos dotan de la capacidad para elegir acertadamente son las siguientes:

- La calma interior, que es la condición en la cual nuestras facultades intuitivas y las del discernimiento pueden despertar.

- El esfuerzo por ser menos emocionales y más objetivos, alejándonos de nuestros apegos y prejuicios personales.

- La capacidad de recurrir humildemente a Dios para pedir su guía, en vez de seguir nuestra propia «sabiduría».

El desarrollo de estas cualidades comienza con la profunda meditación diaria y en ella se sustenta.

Sería magnífico que Dios nos dijera: «Ahora, hijo, hijo mío, siéntate cómodamente y te diré con exactitud qué hacer y cuándo hacerlo. ¡Sigue mis instrucciones y tu vida será un lecho de rosas!». Pero no es de ese modo como funciona. Si Él actuara así, no desarrollaríamos nuestra propia naturaleza divina. No podríamos hacerlo, pues es únicamente mediante el esfuerzo y el ejercicio del discernimiento que Dios nos ha concedido como podemos revelar nuestra divinidad, permitiendo que surja de nuestro propio ser.

En tanto no lo hagamos, jamás entenderemos verdaderamente que somos parte de Él. Podemos comprenderlo intelectualmente, pero esto resulta de escaso valor práctico. Sólo cuando contamos con la experiencia directa de la verdad —cuando hemos afrontado todas las pruebas de la vida y hemos hallado dentro de nosotros mismos la guía y la fortaleza divinas para triunfar— podemos decir con total convicción, como lo hicieron Cristo y todos los grandes Maestros: «El Padre y yo somos uno; *lo sé*. Estoy hecho a su indómita imagen».

De este modo representaremos nuestra parte en la *lila* del Señor —el divino drama de la vida—, con el valor, la fe y la sabiduría propios de un hijo de Dios.

Capítulo III

RESUELVE TUS PROBLEMAS
MEDIANTE LA GUÍA INTERIOR

Muy a menudo, Paramahansa Yogananda citaba el siguiente proverbio: «A quien se ayuda, Dios le ayuda». Nada nos gustaría más —ante la necesidad de tomar una decisión— que alguna fuerza divina nos dijera con precisión qué debemos hacer. Eso lo haría todo muy fácil, ya que no tendríamos que desplegar esfuerzo alguno si, en cada momento, supiésemos que estamos recibiendo la orientación directa de Dios.

Pero el Señor no pretendió que tomar una decisión fuese un procedimiento tan simple, por la siguiente razón: somos parte de Dios, pero no lo sabemos; y jamás lo sabremos si nos limitamos únicamente a depositar el peso de nuestras dificultades sobre Él y a rogarle, «Dime lo que debo hacer», como si fuéramos simples marionetas y Él fuese el titiritero. ¡De ninguna forma! Él espera que utilicemos el raciocinio que nos concedió, *a la vez* que invocamos su guía.

La oración fundamental

Jesús nos mostró cuál es la oración fundamental: «Señor, hágase tu voluntad». Ahora bien, muchas personas la interpretan en el sentido de que no han de emplear en absoluto su voluntad ni su raciocinio, sino que sólo deben sentarse a meditar y a esperar que Dios actúe de algún modo a través de ellas. Pensar de esta forma es un error. Fuimos creados a su imagen; Él dotó al ser humano de una inteligencia que no encontramos en ninguna otra criatura, y espera que la utilicemos. Por eso, Guruji nos enseñó a orar así:

> *«Señor, yo razonaré, yo querré, yo actuaré, pero guía Tú mi razón, mi voluntad y mi actividad, hacia lo que debo hacer».*

Nosotros practicamos religiosamente esta verdad en el *ashram*. En nuestras reuniones de trabajo, meditamos durante algunos minutos y, luego, ofrendamos esa oración. Sólo después de orar así, comenzamos a tratar los diversos asuntos y a tomar decisiones.

Así pues, no te sientes cómodamente a esperar que Dios inicie las acciones necesarias. Mediante el uso del raciocinio, la voluntad y la acción, busca el que parezca ser el mejor camino. Trabaja concienzudamente, utilizando tu voluntad e inteligencia, al tiempo que oras sin cesar: «Señor, guíame; permíteme cumplir con tu voluntad. Hágase únicamente tu voluntad».

Al adoptar esta actitud, mantendrás tu mente receptiva a su divina guía. Entonces descubrirás que, repentinamente, puedes ver con claridad: «No; ahora debo ir en esta otra dirección»; Dios te mostrará el camino. Mas, al pedir su ayuda, recuerda que tu mente jamás debe permanecer cerrada; por el contrario, has de mantenerla abierta y receptiva. Es así como Dios ayuda a quien se ayuda. Este procedimiento aporta resultados positivos, pero la iniciativa y el esfuerzo deben provenir de nosotros.

Para servir a Dios y hacer su voluntad, no es preciso que vivas en un *ashram*. Cada uno de nosotros se encuentra, en este momento, donde Dios y sus acciones pasadas lo han situado. Si no te satisface tu estado actual, medita e invoca la guía divina. Al hacerlo, sin embargo, aplica el raciocinio que Dios te concedió y analiza las opciones que se te presentan con relación a tu vida y tu futuro.

Conciencia e intuición: la Voz Divina interior

La Voz Divina que susurra en nuestro interior nos ayuda a resolver todo problema. La voz de la conciencia es un instrumento de orientación divina con que Dios dotó a cada ser humano. Pero muchas personas no la oyen porque durante una o incontables vidas han rehusado prestarle atención. En consecuencia, esa voz se volvió silenciosa o extremamente débil. Sin embargo, a medida que el individuo comienza a desarrollar la conducta apropiada en su vida, el susurro interior empieza a fortalecerse de nuevo.

Más allá de la conciencia semi-intuitiva se encuentra la intuición pura, es decir, la percepción directa de la verdad por parte del alma: la infalible Voz Divina.

Todos nosotros contamos con esta intuición omnisciente, que es el sexto sentido que se suma a los cinco sentidos físicos. Gracias a estos últimos, nos relacionamos con el mundo: tocamos, oímos, olemos, gustamos y vemos. Sin embargo, en muchas personas, el sexto sentido (la percepción intuitiva) no llega a desarrollarse, debido a que no se usa. Si alguien, desde la niñez, hubiera permanecido con los ojos vendados y, años más tarde, se quitase la venda, tendría una percepción visual aparentemente plana del mundo circundante. Si inmovilizáramos un brazo, éste no se desarrollaría adecuadamente debido a la falta de uso. Por ese mismo motivo, en muchas personas la intuición permanece inactiva.

La meditación desarrolla el poder de la intuición

No obstante, existe una forma de desarrollar la intuición. Este sexto sentido no podrá funcionar de manera adecuada hasta que aquietemos el cuerpo y la mente. Por lo tanto, el primer paso para desarrollarlo consiste en meditar, a fin de alcanzar un estado de calma interior. Cuanto más profundamente medites y luego apliques tu mente en la solución de algún problema, más se expresará tu poder intuitivo para resolverlo. Dicho poder se desarrolla de manera gradual, nunca de forma repentina, del mismo modo en que los músculos o los miembros se fortalecen paulatinamente —y no de la noche a la mañana— gracias al ejercicio.

La intuición puede desarrollarse en las personas que son profundamente contemplativas, es decir, aquellas que han alcanzado, a través de la meditación, ese estado de absoluta serenidad en el corazón y la mente. Es preciso que no nos dejemos avasallar por la emoción o limitar por el intelecto. La intuición es una mezcla de la mente (el proceso intelectual) y del corazón (el proceso sensible). Muchas personas poseen la intuición que proviene del raciocinio —una especie de guía que dirige sus pensamientos—. En mi propio caso, la intuición se expresa con gran frecuencia a través del sentimiento. Cuando tengo ciertas percepciones acerca de algunas cosas o personas, dichas impresiones se traducen en vibraciones sutiles que rodean mi corazón y entonces sé —gracias a la experiencia de años— que tales presentimientos son acertados.

Cuando hayas desarrollado la intuición en cierta medida, descubrirás que, al tomar decisiones, algo en tu interior te indica: «Éste es el camino correcto que debo seguir». Ésa es la voz de la intuición que te guía. Pero no esperes que se manifieste de inmediato. Al principio, incurrirás en algunos errores en la medida en que otros factores que se encuentran también en tu interior impidan el flujo intuitivo. Sin embargo, conforme continúes practicando la meditación y viviendo cada vez más en el estado de calma interior que confiere esta práctica, descubrirás que tu poder intuitivo aumenta de manera gradual.

A menudo, cuando algún asunto llega a mi mente, no sólo lo contemplo en el presente, sino que, mirando al futuro, percibo también el resultado final. Eso es la intuición. Y si la aprovechas, comprobarás que todo marcha sin tropiezos; aunque, en ocasiones, no siempre será así. A pesar de haber tomado la decisión adecuada, habrás de enfrentarte a situaciones difíciles, ya que son parte del proceso de crecimiento y de la forma de aprender a superar las condiciones normales de la vida. Pero tu intuición te indicará que, aun cuando haya problemas, has tomado el curso de acción acertado.

No confundas la guía intuitiva con la imaginación

Aprende a distinguir cuándo la «guía» interior es un genuino mensaje intuitivo, o procede tan sólo de la imaginación o de la emotividad (que en algunas personas es muy intensa y, en ocasiones, se considera erróneamente como intuición). Podrás reconocer la intuición si la guía que recibes genera el buen resultado correspondiente. Si el efecto es adverso, sabrás que aquella sugerencia no era más que un producto de tu imaginación. La intuición siempre te proporcionará una respuesta acertada y positiva para el bien de tu propia vida o de la vida de otras personas. Sólo el tiempo y la experiencia te permitirán saber si una inclinación intensa es fruto de la imaginación o, bien, debes atribuirla a un sentimiento intuitivo natural.

Capítulo IV

LA IMPORTANCIA DE LAS TÉCNICAS CIENTÍFICAS DE MEDITACIÓN

En la actualidad, cada vez son más las personas que descubren los enormes beneficios de la meditación. Tal vez lean libros acerca del tema o escuchen los consejos de instructores espirituales que les dicen: «Practica el silencio; recógete en tu interior». Sin embargo, muchos lo intentan y terminan preguntándose: «¿Y qué significa esto realmente?».

Aun cuando te sea posible sentarte en calma, no estarás realmente en silencio si tu mente permanece colmada de pensamientos inquietos. Al principio, cuando te sientas a meditar, la mente se encuentra ocupada en un millón de cosas —piensas en todo el trabajo que deberías estar realizando, en los problemas que te preocupan, en lo que harás una vez que hayas concluido la meditación—. Indicarle a una persona que simplemente «practique el silencio» no le aporta las herramientas necesarias para aquietar sus pensamientos. Pero si se le proporciona una técnica definida para controlar la mente, a través de su práctica comenzará a comprender que la meditación es mucho más que el solo hecho de impedir el paso de las imágenes y sonidos del mundo exterior y que, en realidad, se trata de calmar el cuerpo y la mente a tal grado que la conciencia se vuelva como un lago sereno y cristalino, capaz de reflejar la bienaventurada presencia de Dios.

Aprende a aquietar la mente y a recogerla en tu interior

Para lograr este objetivo, debemos recoger la atención dispersa y centrarla en un solo pensamiento por medio de una gran determinación, paciencia y calma. La luz difusa carece de poder, mas cuando colocamos una lupa bajo la luz del sol podemos enfocar los rayos solares de tal modo que se concentren con intensidad suficiente como para prender fuego a un trozo de papel situado bajo la lente.

Lo mismo ocurre cuando practicamos la técnica de concentración de *Hong-So*: la mente se convierte en un instrumento de precisión, enfocado en forma tan perfecta que nuestra atención permanece fija y centrada en Dios. Cuando la hayas practicado fielmente durante muchos años, comprobarás que en un instante puedes sintonizarte con Dios. Tal es el poder de esta técnica.

Existen diversos métodos de meditación; sin embargo, hay un principio general que es aplicable a todo el mundo, sin importar cuál sea el sendero o religión que profesemos: a menos que practiques una técnica que desarrolle los poderes de la concentración y el recogimiento de la mente en tu interior, jamás conocerás a Dios. Después de buscar por toda la India, nuestro gurú, Paramahansaji, comprobó que los métodos que enseña *Self-Realization Fellowship* —la técnica de *Hong-So*, la de meditación en *Om* y *Kriya Yoga*— son los más eficaces para lograr el estado de *pratyahara* (la interiorización total de la mente) y los estados más elevados de percepción de Dios[1]. Si

---

[1] La ciencia del yoga, tal como fuera expuesta por el sabio Patanjali —el más destacado y antiguo exponente del yoga— está basada en ocho pasos por medio de los cuales se alcanza la unión con Dios: I) *yama*, la conducta moral; 2) *niyama*, observancia de preceptos religio-

practicas fielmente dichas técnicas, alcanzarás esa meta con toda certeza. Si no progresas, significa simplemente que no las estás practicando de manera profunda, regular y correcta, conforme a las reglas que se te han proporcionado.

Los pasos científicos para una meditación exitosa

Existen principios científicos definidos que deben aplicarse en la búsqueda de Dios. Se trata de los principios del yoga, los cuales han sido investigados, practicados y comprobados en la India durante siglos. [...] La ciencia de la religión se basa en leyes inmutables.

Algunas personas me han preguntado: «¿Por qué razón mi relación con Dios debe estar regida por tantas reglas? ¿No podría dejarme guiar simplemente por mis propios sentimientos intuitivos en el sendero espiritual?». En respuesta yo les digo: «Sin duda algu-

---

sos; 3) *asana*, la postura correcta para calmar la inquietud corporal; 4) *pranayama*, control del *prana* —las corrientes vitales sutiles—; 5) *pratyahara*, recoger la mente en el interior; 6) *dharana*, la concentración; 7) *dhyana*, la meditación; y 8) *samadhi*, el éxtasis de la unión con Dios.

na debes dejarte guiar por tu intuición, pero asegúrate primero de que se trata de la *verdadera* intuición (la cual proviene de la sintonía con Dios) y no únicamente de tu deseo subconsciente de hacer aquello que te apetezca».

La falsa autodeterminación es una trampa en la que caen muchas personas. Aplica primero la ciencia; aprende a conocer a Dios por medio de la aplicación correcta de los métodos del yoga. Tan sólo una vez que le conozcas más allá de toda duda —cuando seas capaz de manifestar tal ecuanimidad que a través de todas las experiencias de la vida puedas conservar una actitud de gozosa devoción a Dios, de entrega constante de tu ser a sus pies— existirá entonces la posibilidad de que tus esfuerzos espirituales estén guiados por la intuición; pero no antes.

Los grandes maestros nos han señalado los pasos que ellos mismos dieron para alcanzar la unión con Dios. Cualquier persona con sentido común los seguirá, en vez de tratar de forjar su propio camino. ¿Para qué querrías «inventar de nuevo la rueda»? Tienes la libertad para hacerlo, por supuesto, pero ¿no sería más lógico que tomaras el camino que ya se ha comprobado que conduce a Dios, en vez de desperdiciar años —tal vez encarnaciones— tratando de hallar tu propio sendero mediante el laborioso aprendizaje basado en realizar pruebas y eliminar errores?

Las leyes son conocidas; la profundidad alcanzada en la meditación proviene de la aplicación paciente y continua de dichas leyes. Es como aprender a tocar el piano: el éxito es improbable si no empleas un método científico y sólo tratas de acertar las teclas al azar. Antes de poder ejecutar en el piano un concierto de Rachmaninoff necesitas saber cuáles son las teclas apropiadas y luego desarrollar gradualmente tu destreza mediante la diligente práctica diaria. Lo mismo ocurre con la meditación: se requiere la aplicación de los pasos científicos de *yama, niyama y asana*, sumados a la determinación constante de perseverar en la práctica de las técnicas de *pranayama*, hasta que los pensamientos se aquieten por completo. Por medio de *Hong-So*, tu mente y tu respiración se sincronizan de manera perfecta; es como si quedasen forjadas en una espada de agudo filo que cortara súbitamente las ataduras internas que te mantenían prisionero. La mente se libera y se aclara por completo. Sientes la presencia de Dios en tu interior, en el fondo mismo de tu forma física, y sosteniendo todo tipo de vida. Estas percepciones maravillosas y cautivantes surgen en nosotros cuando practicamos la ciencia de la meditación.

Capítulo V

GUÍA PRÁCTICA PARA TOMAR
DECISIONES INTUITIVAS

Pregunta: «*Si tenemos que tomar una decisión de inmediato y no nos sentimos capaces de establecer un contacto interior con Dios que nos permita recibir su guía, ¿cómo debemos actuar?*».

En primer lugar, desearía preguntarte: ¿a qué te refieres cuando dices «establecer contacto con Dios»? ¿Estás esperando que Él se aparezca ante ti en una visión y te dé instrucciones precisas acerca de lo que debes hacer? No es de este modo como crecemos espiritualmente.

En lugar de esperar manifestaciones milagrosas, el devoto verdadero se esfuerza por lograr la sintonía interna de su mente y de sus sentimientos con el Ser Divino. Quienes meditan saben lo que se experimenta en ese estado de sintonía: en el instante en que la mente se recoge hacia el interior se siente paz y se percibe la presencia de Dios. Él está siempre a nuestro lado; jamás se aleja. A través de la meditación descubrimos esta verdad. Durante la actividad podemos conservar esa percepción mediante la práctica de la presencia de Dios, al esforzarnos por permanecer siempre conscientes de Dios en nuestros pensamientos.

Antes de tomar una decisión importante, y si las circunstancias te lo permiten, siéntate en calma por unos instantes y ora profundamente, pidiendo ser guiado para hacer una elección acertada. No permitas que tu mente vague de manera distraída; háblale con profunda atención a Dios o al Gurú. Una vez que hayas meditado y orado acerca de la decisión que debas adoptar, dirige tu conciencia hacia el sentimiento que esté presente en tu corazón. Pregúntate —y trata de percibir— cuál es el rumbo hacia el que tu corazón y tu sentido común se sienten atraídos. Seguidamente ponte en acción; toma tu decisión en ese mismo momento.

Haz a un lado la timidez

No temas tomar decisiones. Algunas personas son tan tímidas a la hora de elegir que jamás actúan resueltamente y con determinación. La indecisión es como una plaga para el carácter; en realidad, resulta preferible tomar alguna decisión que no actuar en absoluto, ya que, incluso si tu elección es errónea, aprenderás de ella y habrás ganado fortaleza mental durante el intento. Si permaneces pasivo, sólo aprenderás que eres una víctima impotente de las circunstancias. Ten en cambio el valor para afrontar tus desafíos con entereza.

Cuando la responsabilidad de la obra de Paramahansa Yogananda recayó sobre mis hombros[1], yo me sentía sumamente ansiosa ante la posibilidad de cometer cualquier error. Escuché entonces algo que me fue de gran ayuda: los hombres de negocios dotados de talento se consideran exitosos si son capaces de acertar en el sesenta por ciento de los casos. En otras palabras, se permiten a sí mismos un margen de error del cuarenta por ciento. Así es que me

---

[1] A fines de la década de los cuarenta, Paramahansa Yogananda designó a Sri Daya Mata para hacerse cargo de la Sede internacional de su organización. En 1955, tres años después del fallecimiento de su Gurú, se convirtió en presidenta y directora espiritual de *Self-Realization Fellowship/Yogoda Satsanga Society of India*. (*Nota del editor*).

dije: «¡Seguramente podré, al menos, lograr lo mismo que ellos!».

No hay necesidad de preocuparse demasiado si yerras. No te castigues por ello; reconoce en cambio que te has equivocado y corrige el error. Aprende la lección y sigue adelante. Recuerda siempre esto: en cuanto inicies una búsqueda sincera de Dios, puedes tener la seguridad de que Él jamás te abandonará. Si elevas una mano hacia Dios, Él te tenderá, a su vez, ambas manos. Sé que así es; no puede ser de otro modo. La fe en esta verdad crecerá en ti a medida que progreses en el sendero espiritual.

Así pues, cuando te encuentres ante una decisión, lo que sencillamente debes hacer es orar y esforzarte por experimentar una sintonía interior. Si no puedes sentir esa sintonía, medita por unos momentos o por tanto tiempo como dispongas. Desde ese centro de calma toma entonces tu decisión. ¡No permanezcas sentado esperando recibir algún mensaje extraordinario escrito en letras fulgurantes!

Éstas son las verdades prácticas y concretas que constituyen la base de la vida espiritual. El Ser Divino es muy práctico; Él está en su cielo, pero también se halla aquí mismo contigo en la Tierra. Es preciso que todos nosotros nos comportemos igualmente así: debemos mantener la conciencia en Dios, a la vez que nos ocupamos de las responsabilidades que Él nos ha confiado.

<hr />

La madurez espiritual: cómo afrontar los problemas con serenidad y fortaleza

A fin de poder ser receptivos debemos permanecer mentalmente relajados. Paramahansa Yogananda solía decir que a veces las personas hacen un esfuerzo tan desmesurado por entender algo, que sus mentes se precipitan en todas direcciones y, en consecuencia, no logran comprender nada. En ocasiones nos advertía: «¡Estás esforzándote demasiado!».

Solíamos tener en mente las preguntas que necesitábamos hacerle a Paramahansaji, mas cuando nos hallábamos en su presencia, él dirigía nuestras mentes hacia Dios y esas dudas ya no nos parecían importantes.

A menudo, lo que llamamos «problemas» son el resultado de la inmadurez en el modo de pensar. Ante la presencia de nuestro gurú, experimentábamos que la mente se aquietaba; la tensión interna y la inquietud ocasionadas por nuestros problemas y dudas se desvanecían por completo, así como nuestras preguntas. Aun cuando no hubiésemos conversado acerca de las incertidumbres que abrigábamos, al retornar a nuestras obligaciones los pensamientos surgían con mayor claridad y teníamos la certeza de contar con un sentido de orientación interior.

Paramahansaji no pensaba por nosotros; nos enseñaba a «volvernos adultos», porque la madurez y el desarrollo espiritual van de la mano. En tanto sigamos dependiendo de los demás, no podremos lograr ningún progreso real.

La madurez consiste en la facultad de afrontar los problemas de la vida con fortaleza y calma objetiva, así como también en la capacidad de concentrarse, empleando el discernimiento y la inteligencia con el propósito de hallar la mejor solución. La madurez espiritual se manifiesta conforme nos acercamos a Dios; es así como se profundiza nuestra percepción intuitiva y nuestro entendimiento.

Guía y fortaleza a través de la fe en Dios

En la última etapa de su vida, Paramahansaji dedicaba en el desierto largos períodos a escribir sus obras, por lo cual me puso a cargo de Mount Washington. Tuve que hacer frente a una avalancha sin fin de problemas organizativos. Raramente pude hablar con mi gurú acerca de ellos, pues su conciencia ya no se hallaba en las actividades cotidianas de su organización mundial, sino que estaba más recogida, en continua comunión con Dios en el estado de *samadhi*. ¿Qué debía hacer yo? Podía quedarme sentada en mi cuarto y lamentarme por la situación, o bien comunicarle a mi gurú que sencillamente yo no era capaz de afrontar la responsabilidad. Tomé en consideración todas las opciones, pero ninguna vía de escape me proporcionaba paz interior.

En última instancia, yo sabía que no tenía otra alternativa que la aceptación y la entrega. Me dije mentalmente: «Haré cada día todo cuanto se encuentre dentro de mis posibilidades. Tal vez cometa errores, pero Dios sabe que estaré esforzándome al máximo por cumplir su voluntad. Existe un único camino para liberarme de la tremenda presión que me impone esta responsabilidad y consiste en poner mi fe en Dios sin reserva alguna». ¡Qué lección tan grande me aportó esa experiencia!

A partir de entonces, cada vez que me sentía abrumada me arrojaba mentalmente a los pies de Dios, sabiendo que sólo Él podía darme la fortaleza y la guía necesarias para seguir adelante.

Esta prueba continuó, en mayor o menor medida, durante algunos años más. Valiéndome de la fuerza interior y perseverando con una actitud positiva, finalmente fui capaz de decir: «Ahora sé lo que significa tener una fe absoluta en Dios». Tal fe no debe provenir únicamente de la mente, sino también del corazón. Y para que la fe se fortalezca debemos ponerla en práctica todos los días de nuestra vida.

Capítulo VI

La entrega: cómo establecer contacto con el poder ilimitado de Dios

En una u otra ocasión, todos hemos llegado a ese punto en que los problemas nos parecen tan abrumadores que nos sentimos incapaces de afrontarlos. Pensamos: «He alcanzado mi límite físico, mental y emocional. He puesto en práctica todas las soluciones que vinieron a mi mente. ¿Qué otra cosa podría hacer ahora?». Muchas personas buscan la ayuda de un médico o de un psicólogo, lo cual parece bastante lógico. Pero llega un momento en que los profesionales de la salud tampoco pueden ayudarnos. ¿Qué hacer, entonces?

Creo firmemente en el poder de entregarse a la voluntad divina y de dejar nuestras vidas por completo en las manos de Dios. Él puede salvarnos de toda crisis, a pesar de los pronósticos funestos de cualquier ser humano. Yo he padecido muchas enfermedades, pero jamás me he apartado del Poder Divino, pues sé que Él me sostiene. Una y otra vez, el Señor me ha demostrado su ayuda.

Para beneficiarnos del poder ilimitado de Dios, es preciso desarrollar más confianza y fe en Él. Paramahansa Yogananda me dijo en cierta ocasión: «Interiormente, aférrate siempre a la siguiente plegaria: "Señor, hágase tu voluntad, no la mía"». Con gran frecuencia, las personas temen entregarse a Dios, porque realmente no confían en Él. No están seguras de que lo que Él les ofrezca vaya a ser lo que ellas desean. Y por lo tanto, aunque afirmen «Hágase tu voluntad», no lo dicen sinceramente —y ahí es donde reside su error.

Mientras consideremos que con nuestras solas fuerzas somos capaces de manejar nuestras vidas, no estableceremos contacto con Dios. Antes de que podamos recibir la gracia del Ser Divino, debemos abandonar la ilusión de que el pequeño ego es suficiente. Cuántas personas se extravían porque piensan: «Yo puedo hacerlo solo». ¡No, no podemos! No nos es posible ni siquiera respirar, o levantar el dedo meñique, por nosotros mismos. En todo momento dependemos por entero del Señor, pues Él nos sostiene a cada instante.

Cómo eliminar los obstáculos que nos impiden alcanzar niveles más profundos de conciencia

La mente es un instrumento de capacidad ilimitada para recibir el poder de Dios. Deseo hacer énfasis en esta afirmación, al igual que Paramahansaji lo hizo ante quienes le rodeábamos. [...] Hoy en día, los psicólogos estarían ciertamente de acuerdo en lo que hace muchos años nuestro Gurú dijera, en el sentido de que la preocupación, la tensión nerviosa y el temor crónicos, así como otras emociones negativas —tales como la culpabilidad, el odio, los celos y la amargura—, obstaculizan los canales a través de los cuales la sabiduría y la curación fluyen desde los niveles más profundos de la conciencia. Las personas se vuelven tan tensas y ansiosas al luchar contra sus problemas que acaban traumatizadas.

Así pues, cuando hemos intentado todo lo posible para resolver nuestro problema y nada parece mejorar, el curso de acción más sabio es simplemente éste: *relajarse*. Abandona el intento de encontrar una solución que esté basada tan sólo en el empleo de los limitados recursos humanos de la mente racional, los cuales te han llevado a esa situación actual de frustración y tensión. Entrega el problema al Ser Divino con una absoluta fe y confianza en Él. En otras palabras: «Deslígate de la dificultad y permite que Dios se haga cargo de ella».

¿No es éste el principio que las escrituras de todas las religiones nos han enseñado? Haz el esfuerzo de entregar por completo tu corazón, tu mente y tu vida a Dios. Esta actitud comenzará a eliminar los obstáculos mentales que te inducen a creer que estás separado de Él. De esta forma, comprobarás que su divino poder fluye hacia tu vida con mayor abundancia. Los pensadores creativos, los inventores, la gente que ejecuta hazañas extraordinarias en momentos de emergencia y los santos que comulgan con Dios —todas las personas exitosas— han aprendido, en diversos grados, a extraer el contenido de ese divino «embalse» interior, que es la fuente única de la inspiración y del poder creativos.

Los psicólogos afirmarían que estas cualidades residen en la mente «inconsciente»[1]. Tal vez no empleen la palabra «Dios», pues la ciencia contempla todo desde el punto de vista de las leyes naturales. Pero no es posible separar a Dios de sus leyes. Sin importar qué terminología se utilice, toda persona que investigue con la profundidad necesaria descubrirá la semejanza entre los principios científicos que gobiernan el universo —lo cual incluye el cuerpo y la mente del ser humano— y las verdades a las que se han referido, a lo largo de los siglos, los profetas conocedores de Dios. Toda ciencia que niegue la existencia de estas leyes espirituales no ha comprendido aún totalmente lo que está estudiando. En verdad, no existe conflicto alguno entre el maestro espiritual que afirma «Ten fe en Dios» y el psicólogo que recomienda «Haz uso de los recursos interiores de la mente inconsciente». Al establecer contacto

[1] Paramahansa Yogananda se refirió a las mentes subconsciente y supraconsciente en lugar de utilizar el término «inconsciente». Él afirmó: «No existe una verdadera *inconsciencia*; es posible que la conciencia duerma o repose, pero jamás puede estar inconsciente. Durante el sueño, la conciencia descansa; es decir, se encuentra inactiva. El alma jamás está inconsciente».

con los niveles más profundos de la mente, comenzamos a percibir a Dios[2].

La tendencia de nuestra época, sobre todo en Occidente, ha sido tratar de separar de Dios al universo y sus criaturas. En la actualidad, sin embargo, comprobamos que mucha gente intenta huir de la rutina del pensamiento materialista y busca de nuevo las profundas experiencias metafísicas de los místicos de la antigüedad. Por desgracia, con frecuencia suponen erróneamente que por el mero hecho de apartarse de aquellas engañosas y viejas rutinas no caerán en otras nuevas… pero caen. Por ejemplo, hay quienes han tratado de explorar esos territorios interiores mediante el uso de las drogas; pero éstas sólo confunden la mente e impiden distinguir lo real de lo irreal. Algunas personas se fascinan con el hipnotismo, la canalización en estado de trance u otros métodos encaminados a lograr pasivamente ciertos estados alterados de conciencia. Todos estos métodos entrañan graves riesgos y sólo conducen a quienes los practican a adoptar un nuevo conjunto de rutinas mentales. La única for-

---

[2] «El Reino de Dios ya está dentro de vosotros» (*San Lucas* 17:21).

ma de evitar las obsesiones de este mundo consiste en aferrarse a Dios. De este modo, no tendrás dificultades emocionales, pues Él será tu firme apoyo.

La mente es un maravilloso mundo cuyos poderes deberían investigarse mediante los métodos apropiados. El buscador espiritual sincero sigue el camino recto —la meditación enseñada por quien conoce a Dios— y jamás pierde contacto con la realidad, el sentido común o las eternas leyes de la verdad.

La relajación y la meditación: claves para hacer uso de las fuentes interiores de fortaleza

Tanto si la definimos como «acceder al poder de la mente inconsciente» o «establecer contacto con Dios», la meditación es la forma más elevada de conseguir la fortaleza necesaria para superar los obstáculos de la vida. Todos deberíamos organizar nuestro programa de actividades a fin de disponer diariamente de tiempo suficiente para liberar la mente de las preocupaciones, las responsabilidades y las perturbaciones externas, de modo que podamos dedicarnos a pensar en Dios mediante la práctica de la meditación.

- Siéntate erguido —con la columna vertebral recta— en una silla o, sobre un cojín, con las piernas cruzadas.
- Cierra los ojos para reducir las distracciones; eleva suavemente la mirada hacia el centro crístico[3].
- Tensa y relaja el cuerpo varias veces, mientras inhalas y exhalas profundamente; olvida toda preocupación mental y física. Mantén la postura erguida y, al mismo tiempo, relaja en forma consciente toda tensión indebida de los músculos. Trata de permanecer tan flácido como un fideo húmedo que colgase del firme eje de la columna vertebral.

No pienses en tu problema; de lo contrario, permanecerás estancado en ese nivel de conciencia. Practica *Kriya Yoga* y las demás técnicas, y entrega por completo el corazón, la mente y la vida a Dios. Cuando

---

[3] Paramahansa Yogananda explicó que la posición de los ojos guarda una estrecha relación con los estados de conciencia: la mirada que se dirige hacia abajo se corresponde con la subconciencia (y tiende a generar ese estado); la mirada al frente indica el estado consciente y activo de la conciencia externa; y la mirada que se enfoca hacia arriba ayuda a elevar la mente al estado supraconsciente.

nos relajamos y calmamos la mente por medio de la meditación, comenzamos a acercarnos a los niveles superiores de conciencia, esa bóveda eterna en la que reside todo lo que hemos aprendido en esta vida y en nuestras incontables encarnaciones anteriores. Cuando logramos conectarnos con la supraconciencia —la visión intuitiva y omnisciente del alma—, la sabiduría comienza a impregnar nuestra percepción y encontramos la solución del problema o la guía apropiada.

La importancia de nuestros esfuerzos y desafíos

Cuando contemplo de modo retrospectivo mi vida y recuerdo mis primeros años en el sendero espiritual, siento agradecimiento por cada ardua lucha que debí afrontar, pues todas ellas han hecho brotar en mí una fortaleza y determinación, una total entrega a Dios y a su voluntad, que no hubiese podido desarrollar de ninguna otra forma.

A menudo, si estamos enfermos o atravesamos por alguna crisis, nos sentimos indefensos y queremos darnos por vencidos. Pero ¿no sabes que enfrentarse a los problemas y superarlos es la esencia de la vida? Ése es el motivo por el cual nos hallamos aquí; no para lamentarnos y desesperarnos, sino para aceptar lo que se nos presenta y utilizarlo como un medio para lograr una relación más estrecha con Dios. Cuando la adversidad aseste un golpe, no pienses que se debe a que Dios te ha desamparado. ¡Qué insensatez! Si en esos momentos de prueba recurres a Él con la confianza de un niño, le encontrarás a tu lado, tal vez en forma mucho más tangible que durante los momentos favorables de la vida.

El poder de la actitud positiva y de las afirmaciones

Independientemente de lo que ocurra, repara siempre en el aspecto positivo: «No importa; esta situación mejorará pronto». Por la gracia de Dios, la esperanza es algo que jamás me falta. Nunca acepto el desaliento. Pero tuve que esforzarme para desarrollar esta cualidad, y todos deberían hacer lo mismo. Algunas personas poseen la tendencia de mirar siempre hacia el lado sombrío de los acontecimientos. Su reacción ante cualquier señal o circunstancia es invariablemente la negación, el temor o el pesimismo.

Analiza tu conducta diariamente, y si adviertes que te encuentras pensando o actuando de ese modo, recuerda que estás manifestando una actitud inapropiada que destruye la paz, la felicidad y la voluntad constructiva. Sí, es verdad que existe el mal en este mundo; en el reino de la dualidad no puede haber luz sin oscuridad, gozo sin pesar, salud sin enfermedad o vida sin muerte. Pero concentrarse constantemente en el aspecto negativo es un insulto al alma y a Dios. ¡Jamás te rindas al desaliento!

Crea una atmósfera de pensamientos positivos a tu alrededor. Con relación a la mente, se ha dicho que las actitudes son más importantes que los hechos; y ésta es una gran verdad. Si buscamos a conciencia lo mejor de cada situación, esa positiva disposición de ánimo y ese entusiasmo obrarán como un maravilloso estimulante para la mente, los sentimientos y el cuerpo entero. La actitud correcta constituye una enorme ayuda para eliminar los obstáculos mentales y emocionales que nos apartan de los recursos divinos que yacen en nuestro interior.

Paramahansa Yogananda nos ofreció un perfecto ejemplo de esta forma de pensar positivamente. Él tuvo que afrontar indecibles luchas para erigir la obra de *Self-Realization Fellowship* y *Yogoda Satsanga Society of India*, pero jamás le vimos abatido o quejumbroso. Y tampoco hubiera permitido que nosotros nos dejáramos invadir por el desaliento. Él nos indicó que debíamos orar así: «Madre Divina, enséñame a permanecer imperturbable aun en medio del estrépito de mundos que se derrumban». En otras palabras: «Pase lo que pase en mi vida, jamás admitiré la derrota, porque Tú estás conmigo. Tú me has dado la vida y Tú me sustentas».

Desarrolla esa tenaz fuerza de voluntad. En medio de toda crisis, afirma con gran convicción: «Señor, *puedo* triunfar, porque Tú estás en mí». Luego, pon tu voluntad en movimiento en busca de una solución. Advertirás que el Poder Divino te ayuda de maneras misteriosas. Mientras llevas a cabo tu máximo esfuerzo, mantén tu mente en armonía con la Fuente interior de fortaleza y guía mediante la siguiente afirmación: «Señor, hágase tu voluntad, no la mía». He aquí el secreto.

Las afirmaciones, tal como enseñó Paramahansaji, constituyen una forma excelente de aprovechar el poder de la mente[4]. Cuando estés preocupado o abrigues temores, por ejemplo, afirma con cada respiración: «Tú estás en mí; yo estoy en Ti». Tendrás la certeza de hallarte en su presencia.

En la India, a la ciencia de repetir continuamente un pensamiento espiritual se la denomina *Japa Yoga*; en Occidente, se la llama «practicar la presencia de Dios». Las afirmaciones que se repiten con fuerza de voluntad y concentración se dirigen a las mentes subconsciente y supraconsciente, las cuales responden creando las condiciones que expresamos en nuestra afirmación.

El crecimiento espiritual se logra mediante el esfuerzo diario por reformarnos

Es así como nos transformamos. No estamos obligados a seguir en nuestro estado actual; no es preciso que nos convirtamos en «muebles psicológicos», como diría Paramahansaji. Un mueble jamás cambia. Si éste permaneciera en su forma original —la de un árbol vivo—, seguiría creciendo y produciendo; pero

---

[4] Véase *Afirmaciones científicas para la curación*, de Paramahansa Yogananda, publicado por *Self-Realization Fellowship*.

cuando su madera se moldea y se convierte en una silla o una mesa, deja de desarrollarse; sencillamente, se hace vieja, se deteriora y se desintegra.

A fin de crecer espiritualmente, debemos tratar —de manera constante— de reformarnos. La espiritualidad no es algo que se nos pueda injertar desde el exterior, ni es una «aureola» que podamos crear y colocar sobre nuestras cabezas; la espiritualidad proviene del esfuerzo continuo, cotidiano y paciente, así como de un sencillo sentimiento de entrega al Ser Divino. La luz de Dios no descenderá repentinamente sobre nosotros para convertirnos en santos de manera instantánea. ¡No! Se requiere hacer un esfuerzo diario para transformarnos y entregar el corazón, la mente y el alma a Dios, tanto en la meditación como en la actividad.

Dondequiera que Dios te haya colocado, haz todo lo que esté a tu alcance para manifestar una actitud positiva y fortaleza mental interior, así como un sentimiento de fe, confianza y entrega a sus pies. Conocer a Dios es muy simple; sólo relájate y permite que Él entre en tu vida. Éste es el único propósito del sendero espiritual. Acepta cada experiencia que se presente, considerando que proviene del Señor, y trata de aprender la lección correspondiente. [...] Deja de ser la misma y vieja «antigualla psicológica»; perfecciona tu vida por medio del poder divino que mora en tu interior. En esta verdad se halla nuestra liberación de todas las limitaciones que el cuerpo, la mente y este mundo de engaño nos imponen. En esta verdad, todos encontraremos la suprema victoria.

Haz de Dios el Pastor de tu alma. Haz de Él tu Faro cuando atravieses los tenebrosos pasajes de la vida. Él es tu Luna en la noche de la ignorancia. Él es tu Sol durante las horas de vigilia. Y Él es tu Estrella Polar en los oscuros mares de tu existencia mortal. Busca su guía.

El mundo continuará como siempre, con sus altibajos. ¿Dónde buscaremos el rumbo a seguir, un sentido de orientación? No en los prejuicios que albergamos, debido a los hábitos y a la influencia ambiental de nuestra familia, nuestro país o el mundo, sino en la voz de la Verdad que resuena en nuestro interior y nos orienta.

Paramahansa Yogananda
Citado de *El Amante Cósmico*

Reseña de la autora

Sri Daya Mata, cuyo nombre significa «Madre compasiva», ha inspirado a personas de todas las creencias y condiciones sociales con la sabiduría y el gran amor por Dios que ha cultivado, durante más de 70 años, mediante la práctica diaria de la meditación y de la oración. Daya Mata ingresó a los 17 años de edad en la orden monástica fundada por Paramahansa Yogananda y es su principal discípula viviente. En 1955 se convirtió en una de las primeras mujeres de la historia moderna en ser elegida para dirigir un movimiento religioso mundial. En calidad de presidenta de *Self-Realization Fellowship* —la sociedad espiritual y humanitaria que fundó Paramahansa Yogananda en 1920—, Daya Mata ha realizado varias giras internacionales para dar conferencias; de éstas y de sus charlas informales se han publicado ya dos antologías: *El gozo que buscas está en tu interior: Consejos para elevar el nivel espiritual de la vida diaria* y *Only Love: Living the Spiritual Life in a Changing World.*

Otras obras y grabaciones de Sri Daya Mata

Libros

El gozo que buscas está en tu interior:
    Consejos para elevar el nivel espiritual de la vida diaria
En la quietud del corazón:
    Cómo cultivar una relación amorosa con Dios

Audiocasetes (en inglés solamente)

«My Spirit Shall Live On...»:
    The Final Days of Paramahansa Yogananda
A Heart Aflame
Anchoring Your Life in God
Free Yourself From Tension
God First
Is Meditation on God Compatible With Modern Life?
Let Every Day Be Christmas
Let Us Be Thankful
Living a God-Centered Life
Moral Courage
Understanding the Soul's Need for God

Vídeos (en inglés solamente)

Him I Shall Follow: Remembrances of My Life With
    Paramahansa Yogananda
Living in the Love of God
Security in a World of Change

Reseña biográfica de
Paramahansa Yogananda

Paramahansa Yogananda (1893-1952) es mundialmente reconocido como una de las personalidades espirituales más ilustres de nuestro tiempo. Nació en el norte de la India y en 1920 se radicó en Estados Unidos, donde difundió, durante más de treinta años, la antigua ciencia de la meditación —originaria de su tierra natal— y enseñó el arte de vivir la vida espiritual en forma equilibrada. A través de la célebre historia de su vida, *Autobiografía de un yogui*, así como también por medio de sus numerosos otros libros, Paramahansa Yogananda ha dado a conocer a millones de lectores la perenne sabiduría de Oriente. *Self-Realization Fellowship*, la sociedad internacional que él fundó en 1920 con el fin de diseminar sus enseñanzas en todo el mundo, continúa llevando a cabo su obra espiritual y humanitaria.

Obras de Paramahansa Yogananda

Estas publicaciones pueden adquirirse en diversas
librerías o solicitarse directamente al editor
(www.yogananda-srf.org)

Autobiografía de un yogui

Charlas y Ensayos:

Volumen I: La búsqueda eterna

Volumen II: El Amante Cósmico

Afirmaciones científicas para la curación

Cómo conversar con Dios

Diario espiritual

Donde brilla la luz:

Sabiduría e inspiración para afrontar los desafíos de la vida

En el santuario del alma: *Cómo orar para obtener la respuesta divina*

La ciencia de la religión

La ley del éxito

La paz interior: *El arte de ser calmadamente activo y activamente calmado*

Máximas de Paramahansa Yogananda

Meditaciones metafísicas

Susurros de la Madre Eterna

Vive sin miedo: *Despierta la fuerza interior de tu alma*

Lecciones de Self-Realization Fellowship

Las técnicas científicas de meditación que enseñó Paramahansa Yogananda —entre las cuales se incluye *Kriya Yoga*—, así como su guía sobre la manera de llevar una vida espiritual equilibrada, se describen en las *Lecciones de Self-Realization Fellowship*. Si desea recibir mayor información al respecto, sírvase solicitar el folleto gratuito *Un mundo de posibilidades jamás soñadas*.

SELF-REALIZATION FELLOWSHIP
3880 San Rafael Avenue • Los Angeles, CA 90065-3298, EE.UU.
Tel.: (323) 225-2471 • Fax: (323) 225-5088
www.yogananda-srf.org